Fritz Emonts

Metodo Europeo per Pianoforte
Método Europeo de Piano
Escola Europeia de Piano

Illustrazioni / Ilustración / Ilustração: Andrea Hoyer
Volume 2 / Volumen 2 / Volume 2
ED 7932-01

www.schott-music.com

Mainz · London · Berlin · Madrid · New York · Paris · Prague · Tokyo · Toronto
© 2007 SCHOTT MUSIC GmbH & Co. KG, Mainz · Printed in Germany

Indice

Contenido

Índice

ED 7932-01
ISBN 978-3-7957-5325-2
ISMN M-001-11590-2

Layout: H. J. Kropp
Editor: Dr. Rainer Mohrs
Edizione italiano: Donatella Bartolini, Laura Rossi
Traducción al espagñol: Rosa Maria Kucharski
Tradução portugesa: Angela M. de Carvalho-Föhr,
Elena Fernández-Martinez
© 1993/2007 Schott Music GmbH & Co. KG, Mainz
Printed in Germany · BSS 52233

Premessa

Mentre il 1° volume della Scuola Europea del Pianoforte forniva un'introduzione ai principi elemtari della pratica pianistica, il presente volume offre un approfondimento sul piano tecnico e musicale. Il percorso didattico si apre.con il tema „Fraseggio e articolazione"; sono quindi presentati esercizi in successione sitematica nelle doiverse tonalità (da 3♯ – 3♭) , che consentono di migliorare la capacità di lettura e di ottenere una maggior confidenza con la tastiera. Alla scale maggiori e minori sono aggiunte anche le relative cadenze, che possono essere variate secondo molteplici modalità esecutive. Parallelamente a ciò è presentato in diversi fasi materiale per lo studio delle scale e sul tema „Agilità e uguaglianza"; in questo modo gli allievi raggiungono a poco a poco un livello tecnico che consente un primo lavore „artistico" sull'espressione e la qualità del suono. Questo lavoro di approfondimento musicale, che comincia con l'uso del pedale e con una introduzione alla „cantabilità", verrà proseguito nel 3° volume.

Nella lezione dovrebbero costantemente trovare spazio la pratica di esecuzioni a orecchio, l'invenzione di accompagnamenti personali, la sperimentazione con suoni e accordi, la composizione di piccoli pezzi. In appendice fornisco alcuni suggerimenti, ma lasciovolontariamente molto agli insegnamenti personali del docente. Il principio che il più possibile di ciò che l'udito coglie e memorizza debba anche essere eseguito sulo strumento resta sempre valido.

Ho ritenuto particolarmente importante inserire anche nel 2° volume musiche provenienti dal maggior numero possibile di paesi europei.

Fritz Emonts

Prefacio

El volumen 1 del "Metodo Europeo de Piano" tiene un carácter introductorio y contiene los fundamentos básicos de piano. Este volumen 2, sin embargo, pretende profundizar en los aspectos técnicos y musicales. El primer tema del curso se denomina "Fraseo y Articulación". A continuación se han incluido algunos fragmentos en distintas tonalidades, ordenadas sistemáticamente (de 3♯ hasta 3♭) . De esta forma el alumno puede practicar y acostumbrarse a leer música y familiarizarse con el teclado. A las escalas tonales en mayor y menor se les han añadido las correspondientes cadencias que varían según las diferentes formas de tocar. En las diferentes fases de este volumen 2 se han incluido además materiales para practicar las escalas tonales y ejercicios correspondientes al tema "Velocidad e Igualdad". Gracias a estos ejercicios, el alumno va alcanzando progresivamente un nivel técnico suficiente como para atreverse a realizar un primer intento "artístico" de expresión y formación tonal. Este método de profundización musical se inicia en este volumen con el juego de pedales y con una introducción al cantabile, y se prosigue en el volumen 3.

Las clases teóricas deben complementarse de forma constante con sesiones en las que el alumno toque de oído, encuentre sus propios acompañamientos, experimente con los sonidos y los acordes e invente algunas pequeñas piezas. En el suplemento de este libro me he permitido ofrecer algunos consejos útiles, pero he dejado, conscientemente, una amplia iniciativa al profesor. Por supuesto, sigue siendo válido el lema que afirma que todo lo que el oído recoge y retiene debe, a ser posible, tocarse con un instrumento. También en este volumen 2 he insistido personalmente en incluir canciones de la mayor cantidad posible de países europeos.

Fritz Emonts

Prefácio

O volume 1 da Escola Europeia de Piano tem um carácter intro-
dutorio e contém os fundamentos basicos do piano. O volume
2, no entanto, pretende aprofundar nos aspectos tecnicos e
musicais. O primeiro tema do curso denomina-se "Fraseado e
articulação". Em seguida, incluiram-se alguns fragmentos em
diversas tonalidades, ordenadas sistematicamente (de 3♯ – 3♭).
Desta forma, o aluno podo praticar e acostumar-se ter musica e
a familiarizar-se com o teclado.

As escalas tonais maior e menor adicionaram-se as cadências
correspondentes que vão variando de acordo com as diferentes
formas de tocar. Nas diferentes fases do volume 2, incluiram-se
materiais para praticar as escalas dos tons e exercicios que
corresponden ao tema do "Velocidade e igualdade".

Na realizaçao destes exercicios, o aluno vai atingindo, pregres-
sivamente, um nivel técnico que Ihe permita realizar uma pri-
meira tentativa "artistica" de expressão e formação tonal.

Este método de aprofundamento musical, inicia-se neste volume com o jogo de pedais e com uma introdução ao cantabile,
continuando no volume 3.

As aulas teoricas dever-se-ão complementar de formes constante, com sessues onde o aluno toque de ovvido, encontre os seus
proprios acompanhamentos, experimente com os sons e acor-
das e invente pequenas peças: No apêndice deste livro dou
alguns conselhos uteis, embora deixei, conscientemente, uma
grande iniciativa para o professor. No entanto, continua a ser
valido o ditado que diz que tudo o que o ovvido recolhe e
retem deve, sempre que possivel, tocar-se com un instrumento.
Neste volume 2, insisti também, em incluir a maior quantidade
possiveis de canções de paises europeus.

Fritz Emonts

Fraseggio e articolazione

Fraseo y articulación • Freseado e articulação

Nel pronunciare una frase non si respira mai tra due parole unite da uno stesso senso. In una canzone, le diverse parti della melodia corrispondono alle frasi del testo. Anche un pezzo di musica strumentale, senza parole, è ugualmente suddiviso in frasi come una melodia vocale. Il modo più semplice di capirlo è cantare la melodia strumentale.

Il pianoforte ci induce spesso a dimenticare le naturali interruzioni tra una frase e l'altra.

Ogni canzone, e ogni pezzo strumentale, è costituito da frasi che dovrebbero essere separate, come se si prendesse il respiro, senza però alterare il ritmo. Fraseggiamo bene quando suoniamo in modo da rendere comprensibile la struttura del pezzo.

L'articolazione conferisce al pezzo il suo carattere particolare attraverso l'uso di diverse varietà di attacco. La melodia di un corale, ad esempio, verrà suonata prevalentemente legata mentre il carattere dinamico di una danza si potrà realizzare attraverso lo staccato.

Nel brano che segue le frasi sono indicate da una piccola stanghetta verticale (indicazione del respiro) e l'articolazione attraverso le legature e puntini dello staccato.

Cuando hablamos no respiramos entre dos palabras que, por su significado, deben permanecer juntas. En una canción, las diferentes partes de la melodía corresponden a las frases de un texto. Una pieza de música instrumental, sin palabras, también está dividida en frases, como una melodía vocal.

La forma más fácil de darse cuenta de esto es cantando también la melodía instrumental.

Frecuentemente, el piano nos conduce a pasar por alto fisuras naturales. Cada canción y pieza instrumental consiste en una serie de frases que deben separarse, como si estuviéramos respirando, pero sin interrumpir el ritmo.

Fraseamos de forma apropiada, cuando las frases de la pieza son perceptibles.

La articulación, de cualquier forma, da a la pieza de música un carácter especial, mediante la aplicación de una variedad de toques. La melodía de una coral, por ejemplo, tocará principalmente legato, mientras que el carácter de un baile se logra tocando staccato.

En las siguientes piezas hemos marcado las frases mediante cesuras (marcadas de respiración), y la articulación mediante ligaduras y puntos de staccato.

Quando falamos não respiramos entre as duas palavras que, pelo sen significado devem ficar juntas. Numa canção, as diferentes partes da melodia correspondem as frases de um texto. Uma peça de musica instrumental, sem palavras, também esta dividida em frases, como uma melodia cantada. A forma mais facil de reconhecer isto e cantando também a melodia instrumental.

Frequentemente, o piano nos leva a passar por alto fisuras naturais. Cada canção e peça instrumental estão formadas por uma serie de frases que se devem separar, como se estivessemos a respirar, mas sem interrouper o ritmo. Para fraseamos de forma apropriado, quando as frases da peça ser perceptiveis.

A articulação, de todas as maneiras, da a peça de musica um carácter especial aplicando varios toques.

A melodia de uma coral, por exemplo, tocara principalmente legato, enquanto que o carácter de uma dança consegue-se tocando staccato. Nas peças que se seguem indicamos as frases através de sinais (marcas de respiração), e a articulação e indicada através os sinais de legato e staccato.

Samba
Primo

Un'ottava sopra / 1 octava más alta / 1 oitava acima

Brasil
Arr.: F. E.

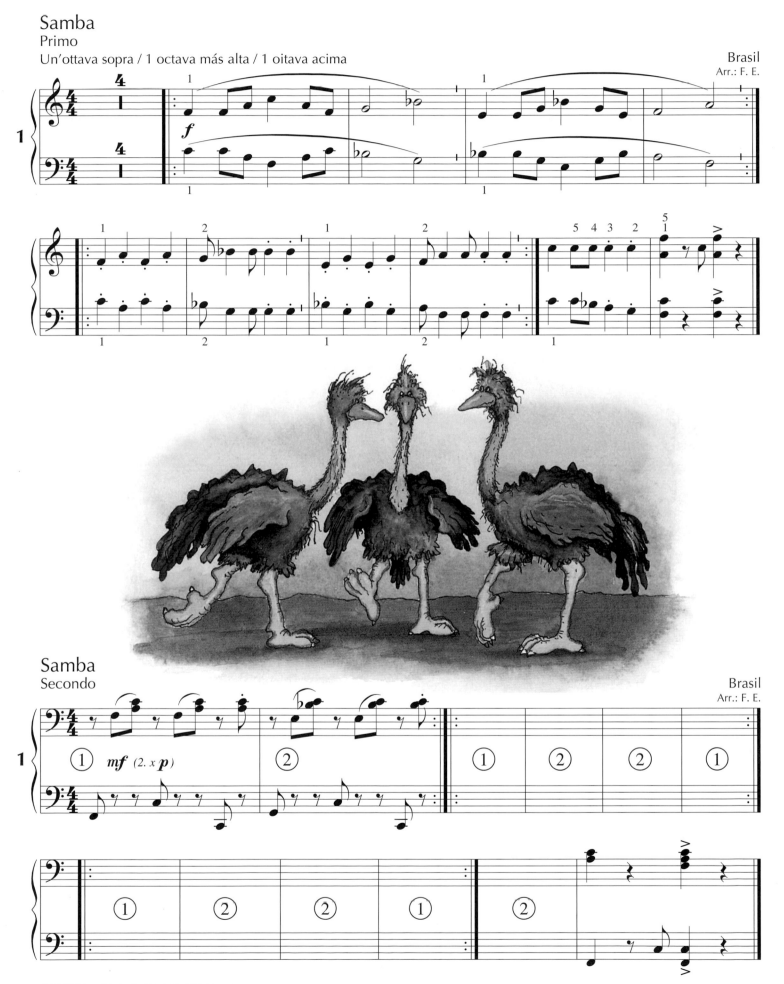

Samba
Secondo

Brasil
Arr.: F. E.

Le petit jeun' homme

Francia / França
Arr.: F. E.

Sot | pe- tit jeun' hom-me, toi | qui veux dan- ser, _____ | qui veux dan-
ne sais pas com-me l'on | doit se pla- cer, l'on | doit en dan-

1. -ser, _____ qui veux dan- ser. Tu

2. -sant se pla- cer. _____

Danza ungherese   Baile húngaro   Dança húngara

Secondo

Arr.: F. E.

staccato
f (2. x *p*)

f (2. x *p*)

(2. x *f*)

Altre danze a quattro mani in / Más bailes para cuatro manos en / Mais danças para 4 mãos em:
Fritz Emonts, Traditional Festive Dances, Schott ED 5176

Girotondo   Baile circular   Dança circular

F. E.

Fine

D.C. al Fine

Danza ungherese   Baile húngaro   Dança húngara

Arr.: F. E.

Primo

Danza   Pieza de baile   Dança

Carl Orff
1895 – 1982

Da • de: Carl Orff, Klavier-Übung, Schott ED 3561

Minuetto   Minueto   Minueto

Leopold Mozart
1719 – 1787

Da • de: Note Book for Nannerl Mozart (1759), Schott ED 3772

Alla fine del pezzo segue la seguente indicazione di pugno di Leopold Mozart: Gli otto minuetti, che seguono sono stati imparati da Wolfgang all'età di quattro anni.

Al final del Minueto está la siguiente nota manuscrita de Leopold Mozart: Estos ocho minuetos los aprendió Wolfgang a la edad de cuatro años.

No final do Minueto está uma anotação Manuscrita Leopold Mozart: Wolfgang aprendeu estes oito minuetos aos quatro anos.

Il burattino danza   El guiñol está bailando   Dança do polichinelo

Fritz Emonts
(1920 – 2003)

Esercizio preparatorio   Ejercicio de preparación   Exercício preparatório

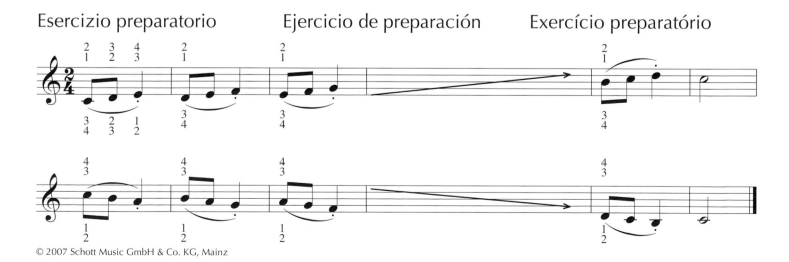

Scherzo

Anton Diabelli
1781 - 1858

Trio

Scherzo da capo al Fine

Scherzo

Anton Diabelli
1781 - 1858

Fine

Trio

Scherzo da capo al Fine

Da • de: A. Diabelli, Melodious Exercises op. 149, Schott ED 9009

La scala maggiore

La Escala mayor • Escala maior

Nella scala maggiore i semitoni si trovano tra il terzo e il quarto grado e tra il settimo e l'ottavo. La scala maggiore e la triade maggiore sono caratterizzati dalla terza maggiore.

En la escala mayor aparece un intervalo de un semitono entre las notas 3ª y 4ª entre las 7ª y 8ª. La escala mayor y el acorde perfecto mayor pueden reconocerse por la tercera mayor.

A escala maior tem semitons entre as notas 3.º e 4.º e entre as notas 7.º e 8.º Identifica-se a escala maior e o acorde perfeito maior, sobretudo pela 3.º maior.

Per familiarizzarti con la scala maggiore suddividila tra le due mani e suona su e giù per la tastiera per cinque o sei ottave.

Para familiarizarse con esto, divide la escala entre ambas manos, tocando hacia arriba y hacia abajo a través de 5 ó 6 octavas.

Para se familiarizar com isti, divide a escala entre ambas as mãos, tocando para cima e para baixo através d 5ie e 6ie oitava.

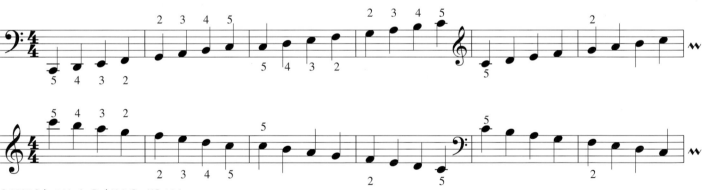

Trasporta la scala maggiore in altre tonalità. Comincia prima scegliendo la nota fondamentale tra i tasti bianchi e poi prova con quelli neri.

Transporta las escales mayores a diferentes tonos. Para comenzar, elige las teclas blancas para cada fundamental; después intenta comenzar con las teclas negras.

Transporte as escalas maiores para outras tonalidades. Comece pelas teclas brancas, tomando uma nota qualquer como fundamental. Depois faça o mesmo começando com as teclas pretas.

Esercitazione sulle scale

Escala de entrenamiento • Treinando escalas

Esercizi preparatori

Esercitati prima a mani separate.

Ejercicios de preparación

Empieza a practicar con cada
mano de forma separada.

Exercício preparatório

Comece a praticar com cada
mão de forma separada.

Scala di Do maggiore

Escala en Do mayor

Escala em dó maior

Moto contrario / Movimiento contrario / Movimento contrário

su due ottave, salendo e scendendo
sobre dos octavas arriba y abajo
toque 2 oitavas partindo do meio do teclado e retornando a ele.

Moto parallelo / Movimiento paralelo / Movimento paralelo

su quattro ottave, salendo e scendendo
sobre cuatro octavas arriba y abajo
toque 4 oitavas em movimento ascendente e descendente

15

Due studi sulle scale 2 Estudios de la escala Dois exercícios de escala

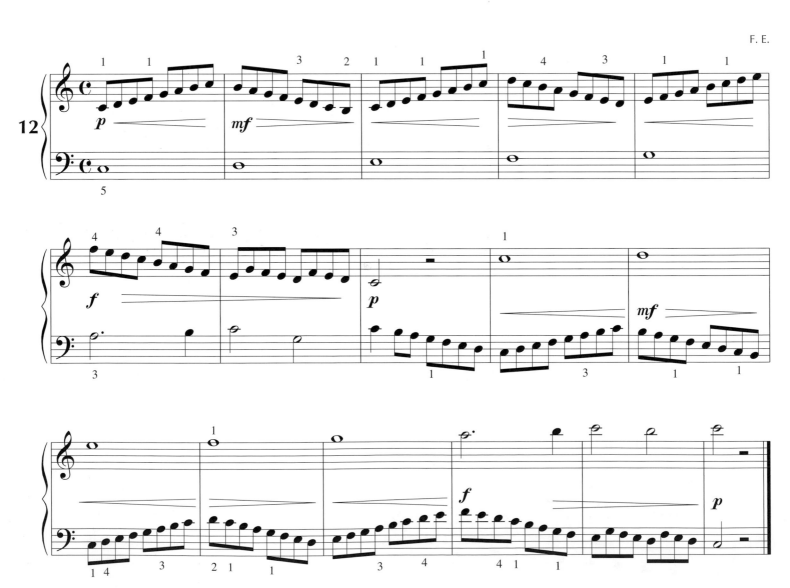

La scala minore
La Escala menor • Escala menor

Ogni scala maggiore ha una relativa minore costruita sugli stessi suoni. La scala minore inizia e finisce una terza minore sotto la sua relativa maggiore e ha le stesse alterazioni. Questa scala è la cosiddetta scala minore "naturale" o "eolia".

Cada escala mayor tiene una escala menor paralela, basada en las mismas notas. Comienza y termina una tercera menor más baja, teniendo las mismas alteraciones. Esta escala es conocida como la escala menor "natural" o "aeólica".

Cada escala maior tem uma escala menor paralela, que é formada a partir das notas comuns aos dois tons. Ela começa e termina com uma terça menor abaixo, e tem a mesma armadura de clave (os mesmos acidentes) da sua correspondente maior. Essa escala é denominada menor "natural" ou "eólica".

La minore naturale
La menor aeólica
Lá menor natural

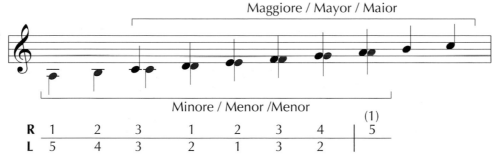

Contrariamente alla scala maggiore, che è rimasta sempre uguale, la scala minore si è modificata nel corso del tempo. Inizialmente si è innalzato il settimo grado in modo da avere la sensibile (per ottenere un miglior effetto di risoluzione): così è nata la scala minore "armonica":

En contraste con la escala mayor que siempre ha permanecido inalterada, la escala menor ha sufrido cambios a lo largo del transcurso del tiempo. Así en primer lugar, se elevó el séptimo tono (mejor efecto final) y de esta forma se creó la escala menor "armónica":

Ao contrário da escala maior, que ficou sempre igual ao longo da história, a escala menor. Primeiramente elouve-se o 7.º Com sa freu mudanças ao hongo (para do tempo obter um melhor efetto final) e desta forma criou-se a escala menor harmônica:

La minore armonica
La menor armónica
Lá menor harmônico

Se provi a cantare la scala armonica, noterai che l'intervallo "aumentato" tra il sesto e il settimo grado (fa – sol#) è difficile da intonare. Più tardi, anche il sesto grado è stato alzato e così è nata la scala "melodica". La scala melodica discendendo si comporta come la scala minore naturale:

Si canta la escala armónica, se dará cuenta que el intervalo "aumentado" de la 6ª a la 7ª nota (fa – sol#) es difícil de cantar. Por esta razón, la 6ª nota fue también elevada formándose, la escala menor "melódica". Descendiendo es la misma que en la escala menor natural:

Quando você cantar uma escala menor harmônica, você vai perceber que o intervalo da 6.º à 7.º nota (fa - sol) é difícil de cantar. Por isso, mais tarde elevou-se também o 6. nota resultando assim a escala menor "melódica". O movimento descendente é igual à escala menor natural:

La minore melodica
La menor melódica
Lá menor melódico

17

Danza   Baile   Dança

Secondo

Triste addio   Difícil despedida   Doloroso despedida

Secondo

Tranquillo - Cantabile

Danza   Baile   Dança

Jean-Baptiste Lully
1632 - 1687
Arr.: F. E.

Primo

Tristo addio   Difícil despedida   Doloroso despedida

Primo

Tranquillo - Cantabile

Arr.: F. E.

Minuetto   Minuet   Minueto   Johann Krieger
1651 - 1735

oppure
o
ou

Impariamo a conoscere diverse tonalitá

Viajando a través de diferentes tonos
Tocando em outras tonalidades

Sol maggiore · Sol mayor · Sol maior

Alterazioni:
Alteración: 1 ♯
Alteração

Trasporta l'esercitazione sulle scale (pagina 15) in Sol maggiore.

Transporta los ejercicios de la escala de entrenamiento (pág 15) a Sol Mayor.

Transporte os exercícios da escala de treino (página 15) para a Sol Maior.

Vedi l'appendice a p. 87 / Ver apéndice pág. 87 / Veja o apêndice, pág 87.

Un passeggio   Un paseo   O passeio

Allegro

Johann Wilhelm Häßler
1747 - 1822

17

L'inverno se ne è andato   Canción de mayo   O inverno já passou

Paesi Bassi / Países Bajos / Países Baixos (ca. 1600)
Arr.: F. E.

18

Mi minore · Mi menor · Mi menor

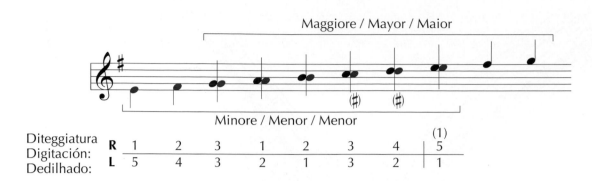

Maggiore / Mayor / Maior

Minore / Menor / Menor

Diteggiatura Digitación: Dedilhado:	R	1	2	3	1	2	3	4	(1) 5
	L	5	4	3	2	1	3	2	1

Lamento   El lamento   O lamento

Fritz Emonts

Fine

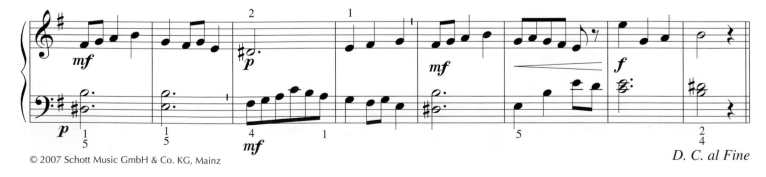

D. C. al Fine

Tarantella

Italia
Arr.: Rainer Mohrs

20

Io mi so - no un po - ve - ret - to sen - za ca - sa e sen - za let - to;

ven - de - rei i miei cal - zo - ni per un sol piat - to di mac - che - ro - ni.

Canzone popolare greca   Canciones griegas   Canção folclórica grega

Arr.: F. E.

21 Andante

Vivo

Prendi questo anellino
(Canzone d'amore)

Coge este anillo
(Canción de amor)

Pega neste anel
(Canção de amor)

Secondo

Grecia / Grécia
Arr.: F. E.

Andante

22

Prendi questo anellino
(Canzone d'amore)

Coge este anillo
(Canción de amor)

Pega neste anel
(Canção de amor)

Primo

Grecia / Grécia
Arr.: F. E.

Fa maggiore · Fa mayor · Fá maior

Alterazioni:	
Alteración:	1 ♭
Alteração:	

Trasporta l'esercitazione sulle scale (pagina 15) in Fa maggiore.

Transporta los ejercicios de la escala de entrenamiento (pág. 15) a Fa Mayor.

Transporte o exercécio escala de treino (pág. 15) para Fá Maior.

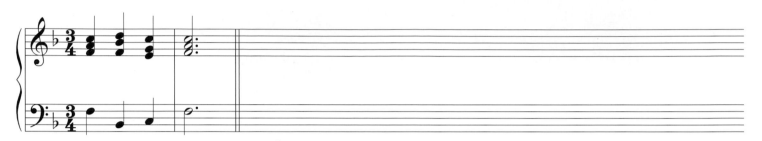

Pezzettino sulla scala   Pequeña de la escala   Pequena da escala

Fritz Emonts

Minuetto   Minuet   Minueto

Christian Gottlob Neefe*)
1748 - 1798

*) C. G. Neefe fu il primo maestro di Beethoven a Bonn. • Primer profesor de Beethoven en Bonn. • Primeiro professor de Beethoven em Bonn.

For He's a Jolly Good Fellow

Inghiltera / Inglaterra
Arr.: F. E.

25

For he's a jol-ly good fel-low, for he's a jol-ly good fel - low, for he's a jol-ly good

fel - low and so say all __ of us! ___ And so say all of us! ___ And

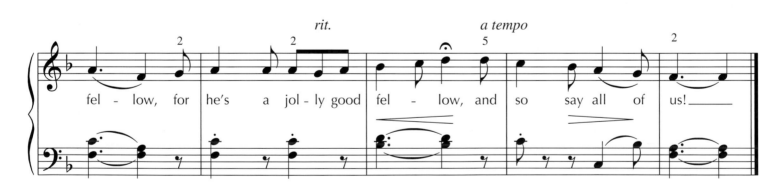

so say all of us! ___ For he's a jol - ly good fel - low, for he's a jol-ly good

rit.   *a tempo*

fel - low, for he's a jol - ly good fel - low, and so say all of us! ___

Rondo

Tielman Susato
(1552)
Arr.: F. E.

26

Saltarello

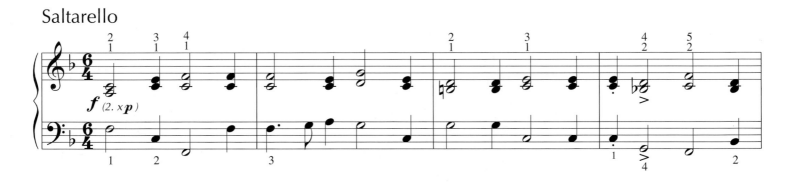

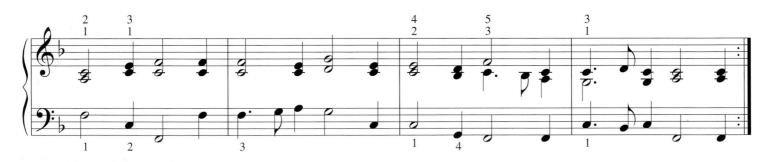

Rondo

Tielman Susato
(1552)
Arr.: F. E.

Primo

26 𝆑 *(2. x 𝆏)*

Saltarello

𝆑 *(2. x 𝆏)*

𝆏 *(2. x 𝆑)*

Re minore · Re menor · Ré menor

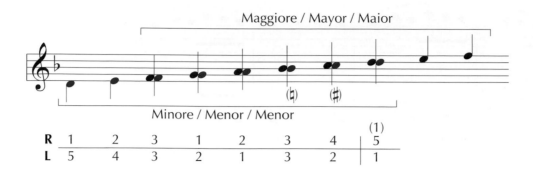

Studio per la mano sinistra   Ejercicio para la mano izquierda   Exercício para a mão esquerda

Béla Bartók
1881-1945

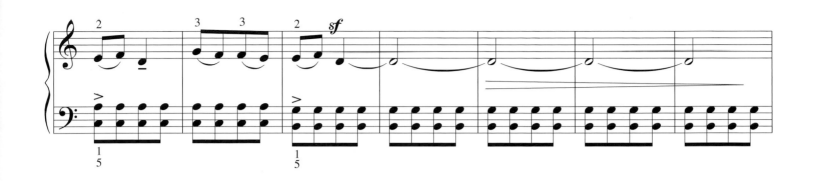

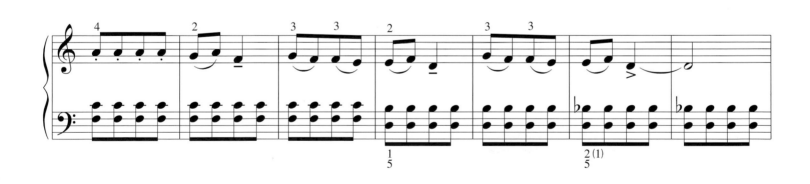

Addio · Despedida · Adeus

Fritz Emonts

28

Re minore · Re menor · Ré menor

Alterazione:
Alteración:
Alteração: 2 ♯

Minuetteo   Minuet   Minueto

Jean-Philippe Rameau
1683 - 1764

legato (2.x non legato)

f (2. x *p*)

mf

Fine

D. C. al Fine

Altri pezzi barocchi in / Más música barroca en / Mais musicas barrocas em:
Fritz Emonts, Easy Baroque Piano Music, Schott ED 5096

37

Secondo la nuove fonti di ricerca questo pezzo non è stato composta da Haydn, ma dal compositore spagnolo Vicente Martin y Soler (1754 – 1806).

De acuerdo con nuevos descubrimientos esta pieza no fue compuesta por Haydn, sino por el compositor Español Vicente Martín y Soler (1754 – 1806).

De acordo com as novas pesquisas, esta peça não foi composta por Haydn, mas sim pelo compositor espanhol Vicente Martín y Soler (1754 – 1806).

Canzone svedese   Canción de Suecia   Canção sueca

Arr.: F. E.

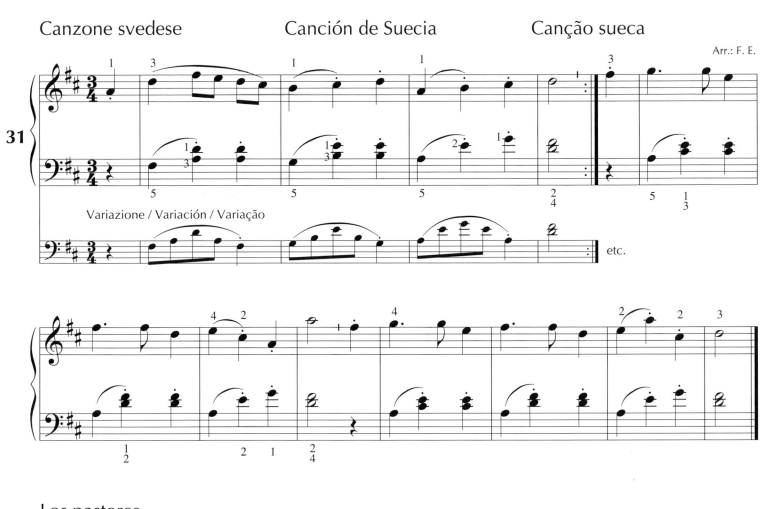

31

Variazione / Variación / Variação

etc.

Los pastores

España
Arr.: F. E.

Tranquillo

32

Ya se van los pas-to-res a la Ex-tre-ma-du-ra._____ Ya se

van los pas-to-res a la Ex-tre-ma-du-ra, ya se que-da la sier-ra tris-te y os-

rit.

-cu-ra, ya se que-da la sier-ra tris-te y os-cu-ra._____

Rosellina di bosco   Pequeña rosa del páramo   Pequena rosa do bosque

Rosellina di bosco Pequeña rosa del páramo Pequena rosa do bosque
(Sah ein Knab' ein Röslein stehn)

Franz Schubert
1797 - 1828

Si minore · Si menor · Si menor

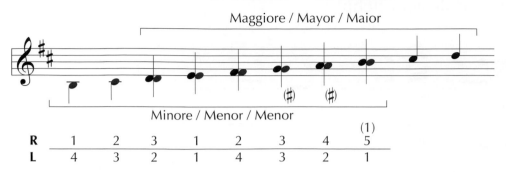

Un triste ricordo · Triste memoria · Triste recordação

Fritz Emonts

Lento

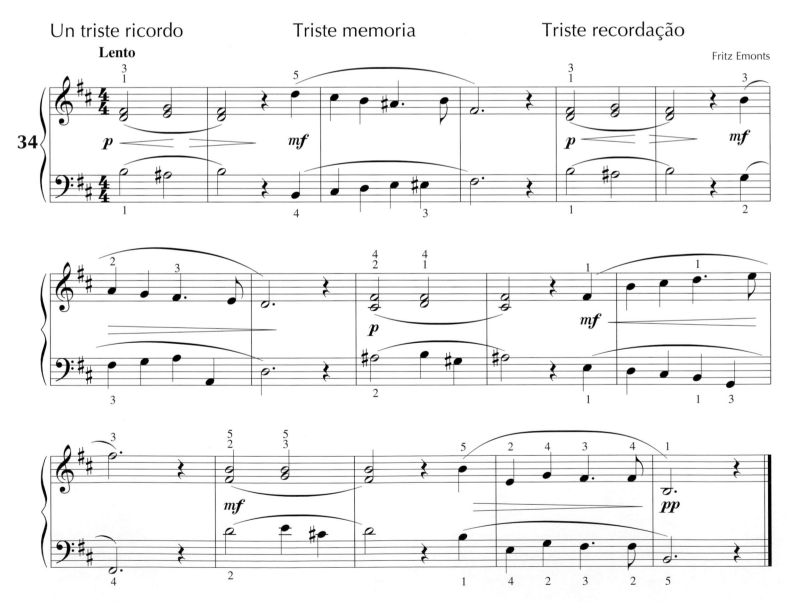

Si bemolle maggiore · Si Bemol Mayor · Si bemol mayor

Alterazioni:
Alteración:
Alteração:

2♭

Le farfalla   La mariposa   A borboleta

Fritz Emonts

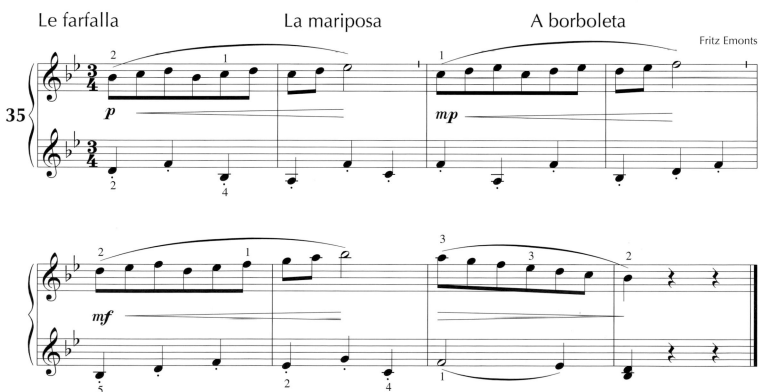

43

Sol minore · Sol menor · Sol menor

Petruschka

Russia / Rusia / Rússia
Arr.: F. E.

36

Danza zigana
Iniziare lentamente

Baile gitano
Comienza despacio

Dança cigana
Começar lentamente

Fritz Emonts

poco a poco accelerando e crescendo

D.C. al ⊕ - ⊕

Scala zigana:
Escala gitana:
Escala cigana:

Repertorio consigliato: / Pieza recomendada: / Repertório recomendado:

J. S. Bach, Menuett in G minor, In: Fritz Emonts, Easy Baroque Piano Music, Schott ED 5096

La maggiore · La mayor · Lá maior

Alterazioni:
Alteración:
Alteração:

3♯

Preludio   Prelúdio

Marc-Antoine Charpentier
1624 - 1704
Arr.: Rainer Mohrs

38

Little Boogie

Fritz Emonts

39

sempre staccato

Fa♯ minore · Fa♯ menor · Fá sostenido menor

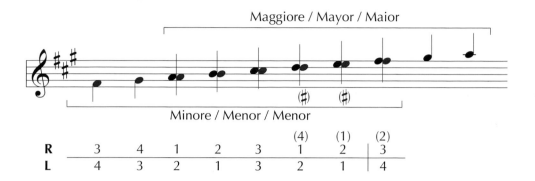

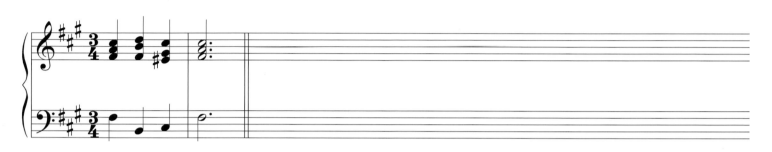

Pat - a - pan

Francia / França
Arr.: F. E.

Allegro

40

La povera orfanella   Pobre huerfanito   Coitadinho do órfão

Estonia / Estónia
Arr.: F. E.

Secondo

Lento

41

p legato

mf

rit.

pp

Fine

mf

D. C. al Fine

La povera orfanella   Pobre huerfanito   Coitadinho do órfão

Estonia / Estónia
Arr.: F. E.

Primo

41

D.C. al Fine

Mi bemolle maggiore · Mi bemol mayor · Mi bemol maior

Alterazioni:
Alteración:
Alteração: 3♭

Scherzo

Christian Gottlob Neefe
1748 - 1798

42

Fine

D.C. al Fine

Scozzese / Escocesa

Ludwig van Beethoven
1770 - 1827

Je descendis dans mon jardin / Desci ao meu jardim

Francia / França

Cantabile

mf Je des-cen - dis dans mon jar-din, je des-cen - dis dans mon jar-

poco rit. **Giocoso**

- din pour y cueil - lir du ro-ma - rin. Gen - til coq' - li -

- cot mes da - mes gen - til coq' - li - cot nou - veau.

Do minore · Do menor · Dó menor

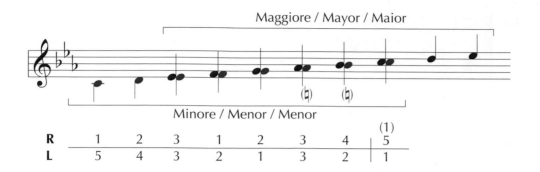

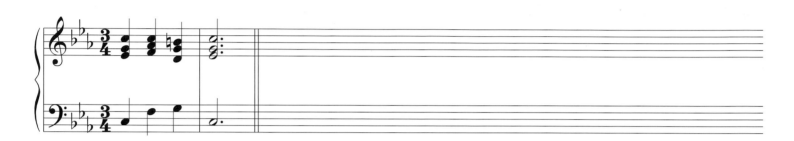

Blues

*) ossia / o / ou:

Velocità e uguaglianza I

Velocidad e igualdad I · Velocidade e igualdade I

Due esercizi · 2 Ejercicios · Dois exercícios

Trasportare gli esercizi in altre tonalità (maggiori e minori).	Transporta este ejercicio a otros tonos (mayor y menor)	Transporte o exercício para outras tonalidades (maior e menor).

Nel pezzo che segue il compositore imita la "musette". Questo strumento, simile alla cornamusa, fu molto amato nella Francia del XVII e XVIII sec.

En la siguiente pieza el compositor imita al "musette" (una especie de cornamusa) muy popular en Francia durante los siglos XVII y XVIII.

Na peça seguinte o compositor imita o instrumento "Musette" (um tipo de gaita de fole), que era muito popular na França nos séculos XVII e XVIII.

Musette

Claude Daquin
1694 - 1772

Forma: A - B - A - C - A

Nelle ripetizioni suona con la mano destra un'ottava sopra.
En la repetición, toca la parte de la mano derecha una octava más alta.
Na repetição toque a parte da mão direita uma oitava acima.

Introduzione / Introducción / Introdução (ad lib.)

Suona la Musette anche in Mi minore.
Toca también el Musette en Mi Menor.

Piccola ballata   Pequeña balada   Pequena balada

Fritz Emonts

Arabesque

Frédéric Burgmüller
1806 - 1874

Da • de: F. Burgmüller, 25 Etüden op. 100, Schott ED 173

Rondo
(London 1764)

Wolfgang Amadeus Mozart
1756 – 1791

51

Fine

D. C. al Fine

Articolazione / Articulaciones / Articulação

oppure
o
ou

*) originale:

Pedal · Pedal · Pédale

Quando si abbassa il pedale destro del pianoforte, gli smorzatori si allontanano dalle corde che così possono vibrare liberamente (osserva l'interno del pianoforte e fai attenzione a ciò che succede). Le corde suonate continuano a vibrare anche dopo che il tasto è stato rilasciato. Inoltre, i suoni emessi, rinforzati dalla vibrazione contemporanea delle altre corde, diventano più pieni e ricchi.
Attraverso il pedale di destra si possono ottenere i seguenti effetti:

1) mescolare i suoni gli uni con gli altri ("pedale di sonorità"). Può essere molto interessante se previsto nella composizione, diventa invece un disturbo quando accade in modo non intenzionale. Alcuni pianisti usano il pedale per mascherare la propria debolezza tecnica: questa è sciatteria!
2) legare i suoni tra di loro, anche quando ciò non è possibile con le dita ("pedale sincopato", alzato ad ogni cambio di armonia).
3) accentuare i bassi che così possono essere prolungati anche durante gli accordi successivi ("pedale in battere" o "pedale ritmico"). Questi cambi periodici del basso giocano un ruolo importante in tutte le forme di danza (Valzer, Ländler, Marcia, Ragtime).

I pezzi che seguono mostrano diverse possibilità nell'uso del pedale di destra. Il pedale di sinistra rende il suono più piano, più soffice e attutito. Osserva come funziona nel tuo strumento.

Cuando se deja de presionar el pedal derecho, los apagadores se elevan de todas las cuerdas para que puedan vibrar libremente (mira dentro del piano y observa lo que ocurre). Las notas que vibran continúan haciéndolo incluso si aflojas la tecla. Además la calidad tonal de las notas mejorará por la vibración de las cuerdas.
El pedal derecho se debe usar para:

1) Mezclar sonidos "pedal de sonoridad". Puede resultar muy agradable cuando la composición lo requiere, aunque cuando esta superposición de sonidos no es intencionada, puede resultar algo peligrosa. Muchos pianistas intentan cubrir sus fallos técnicos con el uso del pedal derecho. ¡Esto es un engaño!
2) Para unir notas y sonidos, especialmente cuando no es posible hacerlo con los dedos (repetida pedalización legato en los cambios de armonía "pedal de unión").
3) Para acentuar las notas bajas y sostenerlas a través de los consiguientes acordes ("pedal directo" o "pedal rítmico"). Estos acompañamientos juegan una importante labor en todas las formas de bailes (Valses, Ländler, Marche, Ragtime).

Las siguientes piezas nos muestran diferentes formas de usar el pedal derecho. El pedal izquierdo sirve para tocar de forma más suave, más ligera. Mira den tro de tu instrumento para ver cómo funciona.

Quando deixe de pressionar o pedal direito, os abafadores liberam-se de todas as cordas para vibrarem livremente (Olhe dentro do piano e veja como isso funciona.) As notas que vibram continuam a soar, mesmo ando retirar a sua mão do teclado. Além disso, a qualidade tonal das notas melhorarci pela vibração das Cordas
O pedal direito deve-se usar para:

1) Misturem sons uns com os outros ("pedal sonoro" ou "pedal sustentado"). Pode ser unito agra dóvel quando a composição requer este efeito, no entanto, quando está sobreposição de sons não seje intencionda, pode resultar perigosa. Alguns pianistas tentam encobrir falhas de técnica pianística usando indevidamente o pedal. Isso é enganoso.
2) Para unir as notas e os sons especialmente quando não è possivel fazê-ho com os dedos ("pedal de ligação", "pedal sincopado" ou ainda "pedal harmônico", apoiado logo após uma mudança harmônica).
3. Que as notas do baixo sejam acentuadas e possam continuar soando, enquanto outros acordes são tocados ("pedal rítmico", em cima do tempo). Esse acompanhamento com mudança de pedal rítmico são muito importante em todas as formas de dança (valsa, Ländler, marcha, ragtime).

As peças seguintes mostram diversas possibilidades de uso do pedal direito. O pedal esquerdo serve para tocar de forma, mais suave, mais ligeira. Observe no seu instrumento como isso funciona.

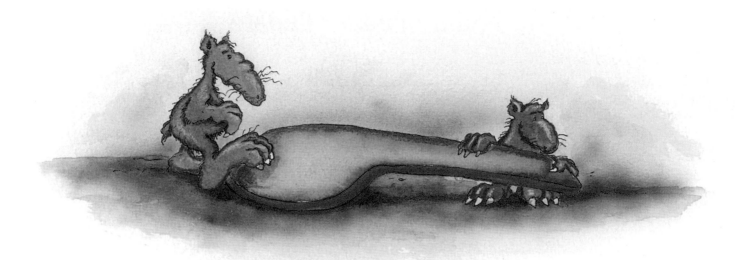

Pedale di sonorità • Pedal de sonoridad • Pedal sonoro

Lamento   El lamento   Lamento

István Szelènyi
1904 - 1972

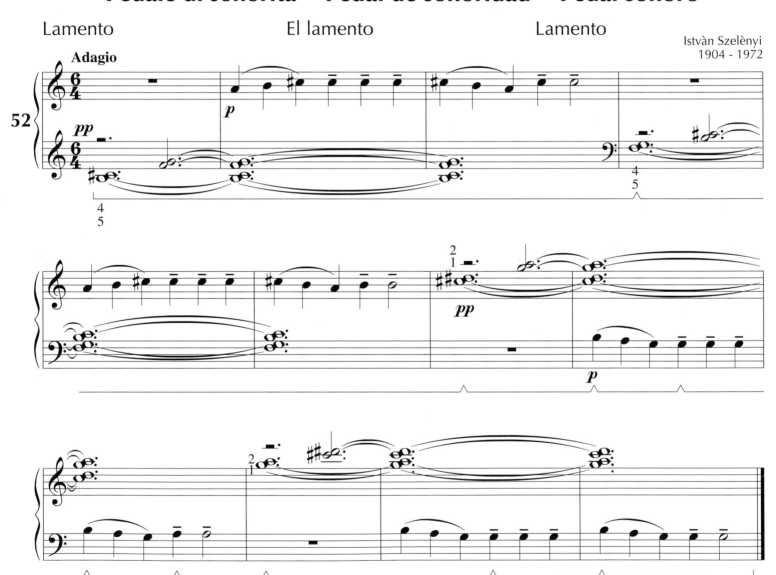

Da • de: István Szelènyi, Musical Picture Book for Piano, Schott ED 5770

Inventa un tuo pezzo usando il pedale. Pensa ad un titolo o ad una storia.

Inventa tu propia "pieza de sonido" usando el pedal derecho. Piensa en un título o una historia apropiada.

Experimente criar a tua própria "peça sonora" com o pedal direito. Pense num título ou numa história apropriada.

Ninna nanna giapponese di Takeda

Canción de cuna japonesa de Takeda

Canção de embalar japonesa de Takeda

Arr.: F. E.

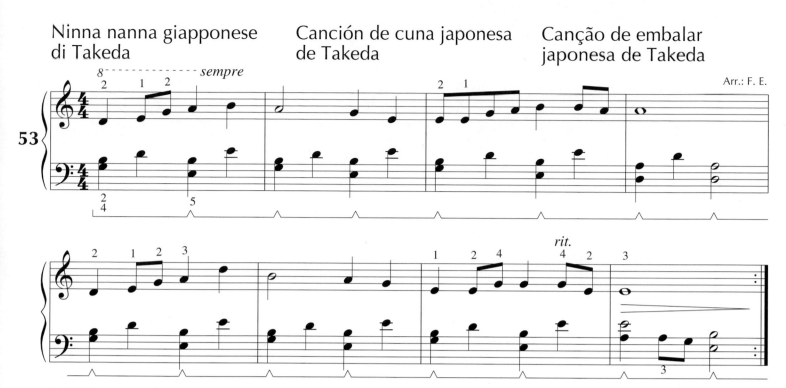

Suona questa canzone un semitono sotto, utilizzando solo i tasti neri. Ritornello: m. d. due ottave sopra, anche col pedale di sinistra.

Toca esta pieza un semitono más bajo, solamente en las teclas negras. Repite: La mano dereche dos octavas más altas, usando también el pedal izquierdo.

Toque essa canção meio tom abaixo, somente nas teclas pretas. Na repetição a mão direita toca, também com o pedal esquerdo, duas oitavas acima.

Ninna nanna giapponese di Itsuki

Canción de cuna japonesa de Itsuki

Canção de embalar japonesa de Itsuki

Arr.: F. E.

Questa canzone deve essere suonata come è scritta. Ritornello: le due mani un'ottava sopra.

Esta canción se toca tal y como es notada. Repite: ambas manos una octava más alta.

Toque essa canção como está escrita. Na repetição as duas mãos tocam uma oitava acima.

István Szelényi
1904 – 1972

Lento armonioso

p da lontano, senza alcuna espressione

pp col pedale

pp col pedale

pochiss.

m. d.

pp

ppp

ppp morendo

pppp

pppp

Da • de: István Szelènyi, Musical Picture Book for Piano, Schott ED 5770

Pedale sincopato • Pedal de unión • Pedal de ligação

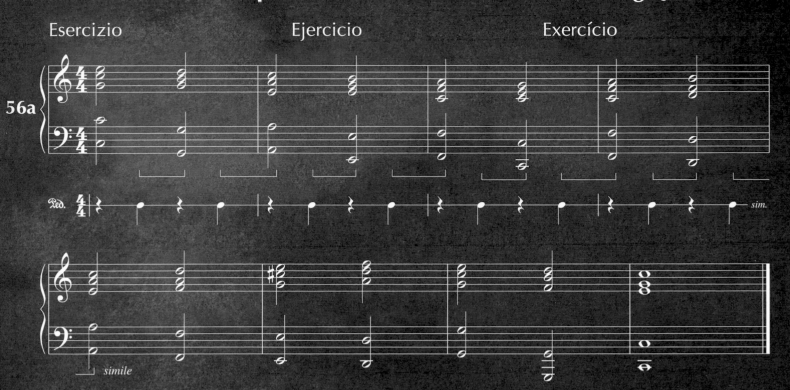

56a

Esercizio   Ejercicio   Exercício

*) Chi ha le mani troppo piccole può eliminare l'ottava.
*) Si tus manos son muy pequeñas, deja libre una octava.
*) Se as tuas mãos são muito pequenas, deixa livre uma oitava.

Variante / Variación / Variação

56b

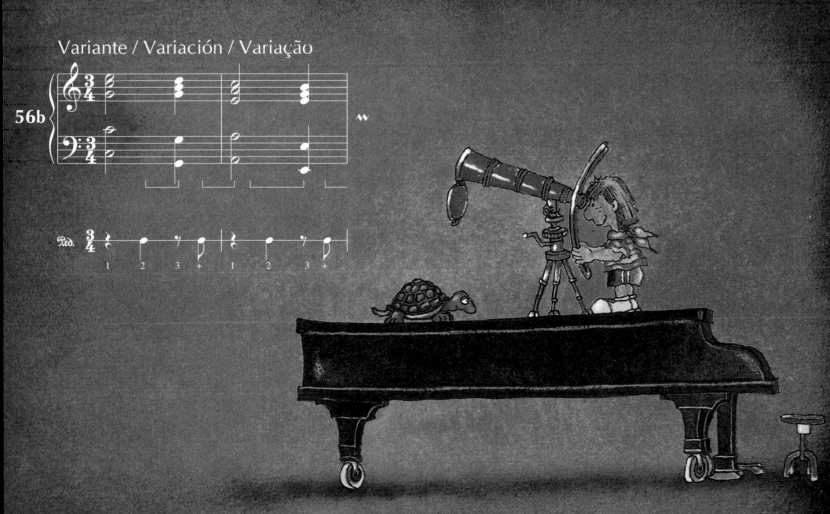

Corale   Coral   Coral

Robert Schumann
1810 – 1856

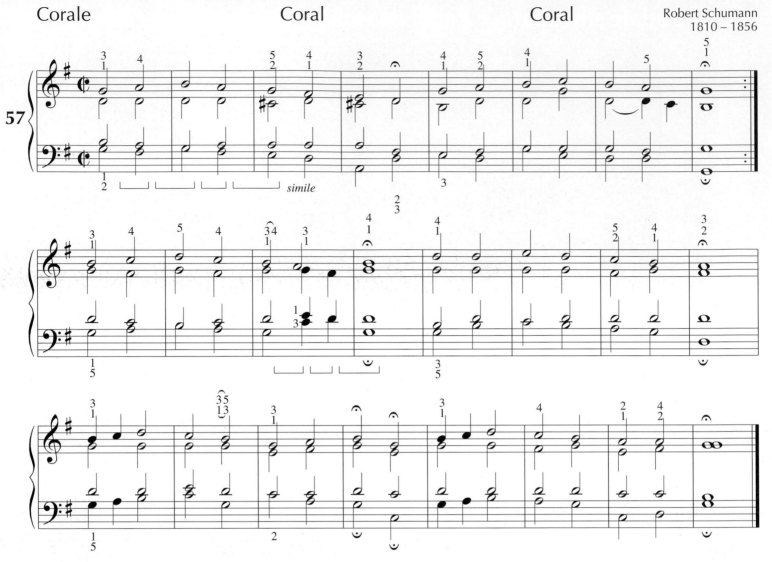

57

Studia questo pezzo in tre fasi successive:
1. Portato (legato col pedale)
2. Legato, senza pedale
3. Legato, con pedale

Practica esta pieza en tres etapas:
1. Portato (usa el pedal para unir las notas)
2. Legato, sin pedal
3. Legato, con pedal

Pratica essa peça em três etapas:
1. Portato (usa o pedal para unir as notas)
2. Legato sem pedal
3. Legato com pedal

Repertorio consigliato per iniziare
al usare il pedale:

Piezas recomendadas para los
primeros pasos con el pedal:

Peças recomendada para a iniciação
ao uso do pedal:

R. Schumann, Album for the Young, Schott ED 9010. B. Bartók, For Children, Editio Musica / Boosey & Hawkes

Inno nazionale inglese   Himno nacional inglés   Hino nacional inglês

Mel.: anonima/anónima

58

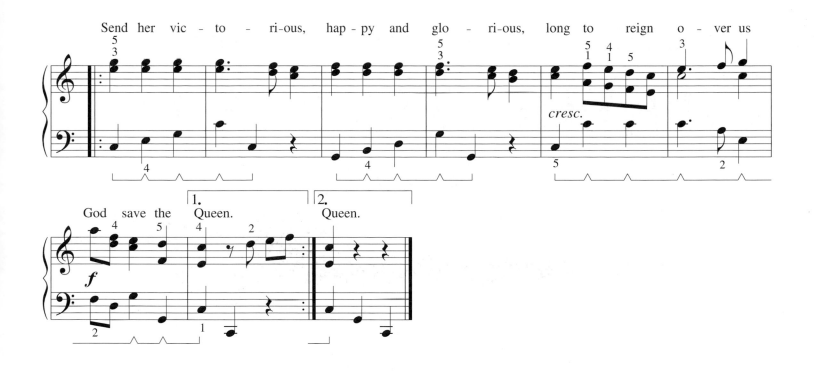

Send her vic-to-ri-ous, hap-py and glo-ri-ous, long to reign o-ver us

God save the Queen. Queen.

1. **2.**

Inno nazionale olandese   Himno nacional holandés   Hino nacional holandês

Adriaan Valerius
1575 – 1625
Arr.: F. E.

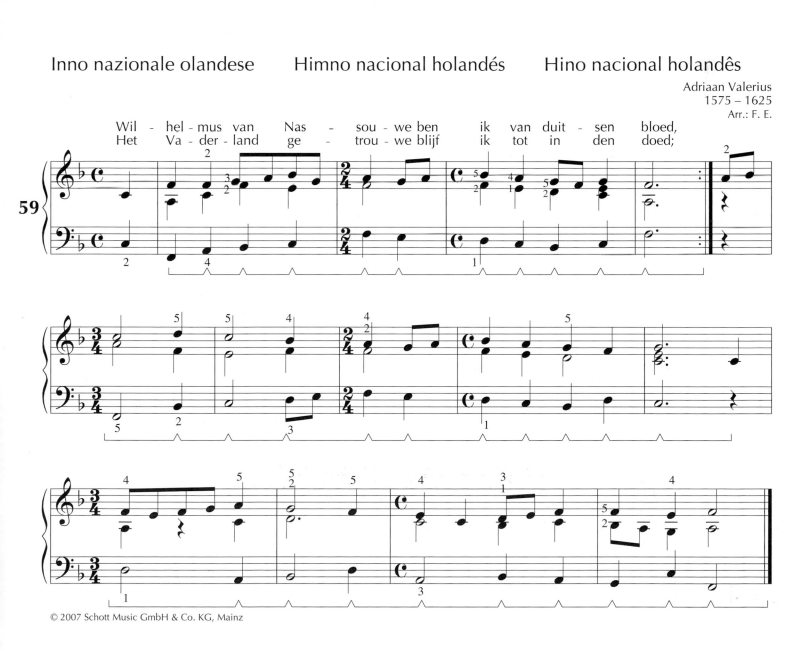

Wil - hel - mus van   Nas - sou - we ben   ik van duit - sen   bloed,
Het   Va - der - land   ge - trou - we blijf   ik tot in den   doed;

Pedale in battere · Pedal rítmico · Pedal rítmico

Esercizi   Ejercicios   Exercícios

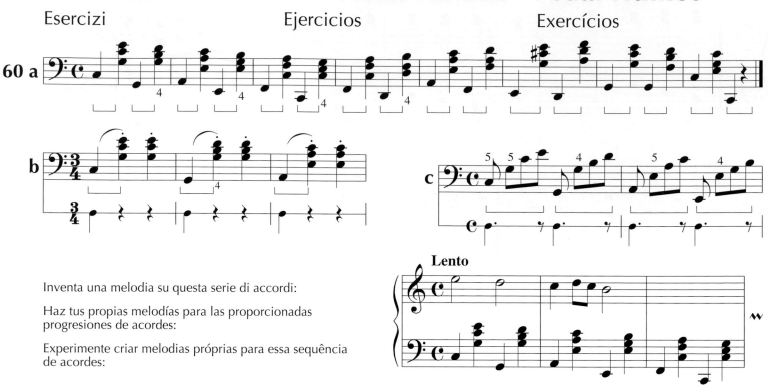

60 a

b

c

Inventa una melodia su questa serie di accordi:

Haz tus propias melodías para las proporcionadas progresiones de acordes:

Experimente criar melodias próprias para essa sequência de acordes:

Lento

Danza tedesca   Baile alemán   Dança alemã

Franz Schubert
1797 – 1828

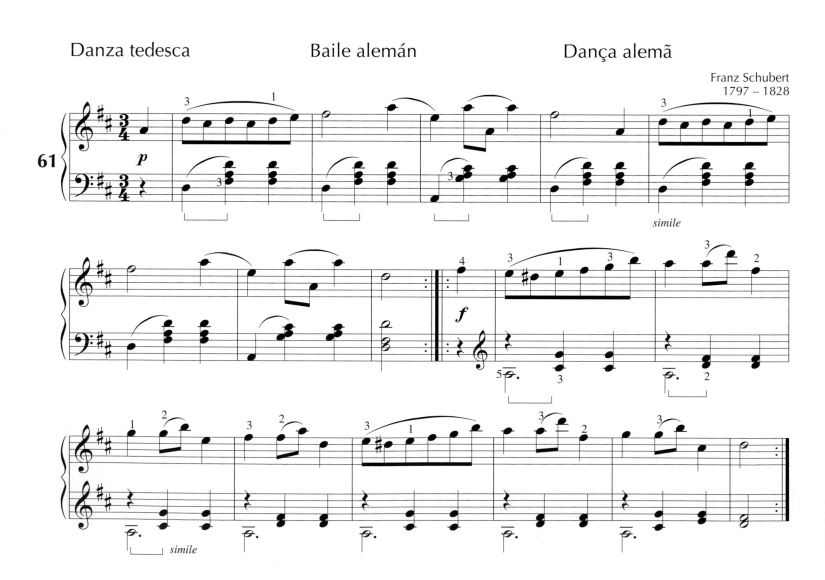

61

simile

66

Piccolo studio sui salti   Pequeño estudio del salto   Pequeno estudo de saltos

F. E.

Danza polacca   Baile polaco   Dança polaca

Mazurek

Arr.: F. E.

Solfeggio

Johann Christoph Friedrich Bach
1732 - 1795

sim.

J. Chr. Fr. Bach, penultimo figlio di Bach, lavorò alla corte del conte (Wilhelm de Schaumburg-Lippe) di Bückeburg. "Solfeggio" è un termine con il quale i cantanti, nel XVIII secolo, indicavano gli esercizi vocali più virtuosistici.

J. Chr. Fr. Bach, segundo hijo más joven de Bach, trabajó como director musical en la Corte del Conde Wilhelm de Schaumburg-Lippe in Bückeburg. En el, siglo XVIII, los cantates llamaban "solfeggio" a los ejercicios vocales virtuosos.

Johann Christoph Friedrich Bach, o segundo filho mais novo do Bach, trabalhou como maestro na corte dos condes de Bückeburg. No século XVIII "Solfeggio" era o nome que se usava para os exercícios vocais de virtuosidade dos cantores.

Cantabile

E' fondamentale per un pianista suonare le linee melodiche in modo "cantabile. Il pianoforte, per sua natura, non è uno strumento particolarmente melodico; infatti, i suoni prodotti non sono legati tra loro così strettamente come accade negli strumenti a fiato o ad arco.
Per suonare una linea melodica con espressività occorre prima di tutto una volontà espressiva e un'immagine interiore del suono. La realizzazione dell'immagine interiore del suono viene facilitata da:
1) l'uso di diversi tipi di attacco
2) un uso flessibile del peso delle braccia e delle mani
3) una pedalizzazione attenta, controllata dall'orecchio.
I pezzi e gli esercizi seguenti sono stati scelti principalmente con l'intento di introdurre alla cantabilità e risvegliare quella sensibilità indispensabile per lo sviluppo di un bel suono. Nel terzo volume questo argomento verrà ripreso e approfondito.

Los pianistas pueden tocar y sentir los elementos melódicos de forma cantada, es decir "cantable". Realmente el piano no es un instrumento melódico: cuando se tocan las notas musicales, éstas no se conectan de forma tan estrecha como ocurre con los instrumentos de viento, cuerda o mismamente con el canto.
Para tocar la línea melódica de forma expresiva, se tiene que querer expresar la idea interna del sonido. Los siguientes conceptos te ayudarán a alcanzar esta idea interna del sonido:
1) Diferenciada articulación de los dedos.
2) Uso fexible del peso de los brazos y dedos.
3) Pedalización sensitiva, controlada por el oído.
Las piezas y ejercicios están pensados para el establecimiento del cantabile y la aparición de la sensibilidad necesaria para la creación sonora.
En el volumen 3 se trata de este tema más en profundidad.

Os pianista podem tocar e sentir as elementas melodicas de forma cantada, isto é cantabile. De fácto o piano não é um instrumento melodico: As notas percutidas não se interligam tão estreitamente umas às outras como num instrumento de sopro ou corda, ou mesmo como na voz humana. Para tocar uma linha melódica com expressividade é preciso partir de uma idéia musical interiorizada, aliada a uma vontade de se expressar. Para realizar essa idéia musical conscientemente, ajudam os seguintes recursos:
1) Articulação diferenciados dos dedos.
2) Flexibilidade no uso do peso dos braçose a dos dedos.
3) Emprego sensível do pedal, controlado pelo ouvido.
As peças e exercícios escolhidos estãe pensados para o estabelecimento do cantabile e para a aparição da sensibilidade necessaria para a criação sonora.
No 3º. volume esse assunto é retomado e aprofundado.

Piccola canzone   Canturreo   Cantarolando

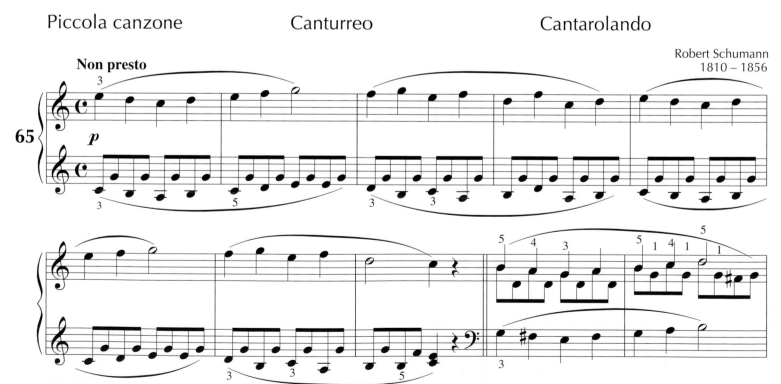

Da • de: R. Schumann, Album for the Young, Schott ED 9010

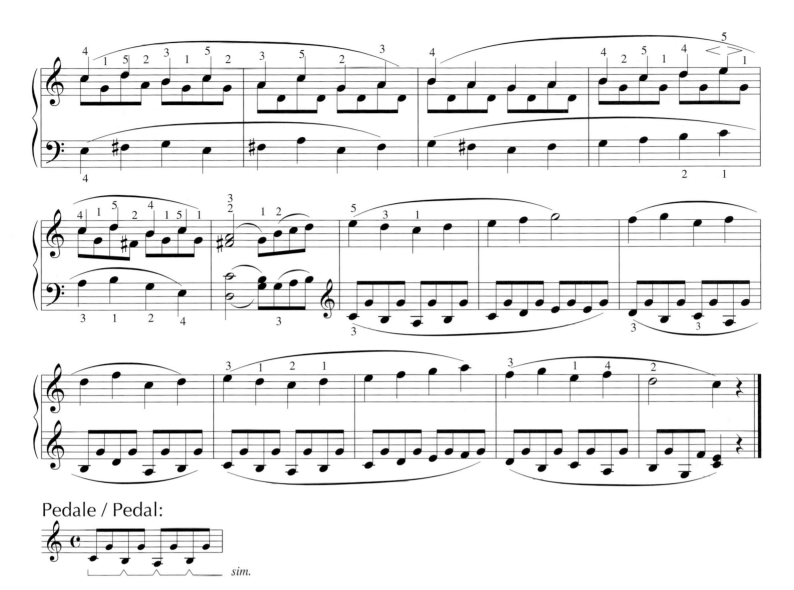

Pedale / Pedal:

sim.

Pezzi consigliati: / Piezas recomendadas: / Literatura recomendada:
      Schubert, Laendler for 4 hands, arranged by J. Brahms, Nos. 3 et 5, Schott ED 2338

Esercizi preparatori per l'indipendenza della dita

Ejercicio de preparación de la independencia de los dedos

Exercício preparatório para a independência dos dedos

Marcia dei soldati

La marcha de los soldados

Marcha dos soldados

Robert Schumann
1810 – 1856

Da • de: R. Schumann, Album for the Young, Schott ED 9010

La melodia
alla mano sinistra:

Njanja è ammalata

Melodia en
la mano izquierda:

Njanja está enfermo

Melodia
na mão esquerda:

Njanja está doente

Alexander Gretchaninoff
1864 – 1956

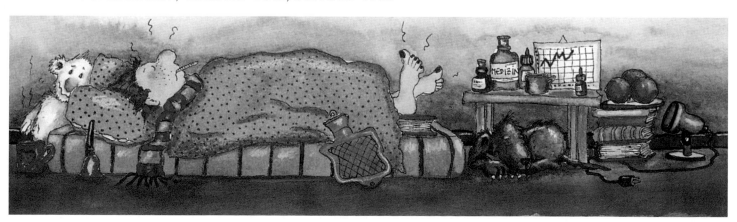

Da • de: A. Gretchaninoff, Childrens' Book, Schott ED 1100

**La melodia
alla mano destra:**

**Melodia
en la mano derecha:**

**Melodia
na mão direita:**

Ninna nanna

Canción de cuna

Canção de ninar

Alexander Gretchaninoff

Da • de: A. Gretchaninoff, Childrens' Book, Schott ED 1100

Sarabande / Sarabanda

Georg Friedrich Händel
1685 – 1759

Variazione / Variación / Variação

Da • de: G. F. Händel, Keyboard Works I, Wiener Urtext Edition UT 50118a

Velocità ed uguaglianza II

Velocidad e igualdad II · Velocidade e igualdade II

Alternare e incrociare le mani   Despegue y cruce de manos   Alternando as mãos

Carl Czerny
1791 – 1857

Tema e variazioni   Tema y varaciones   Tema e variações

Friedrich Kuhlau
1786 – 1832

77

Prélude

Henri Bertini
1798 - 1876

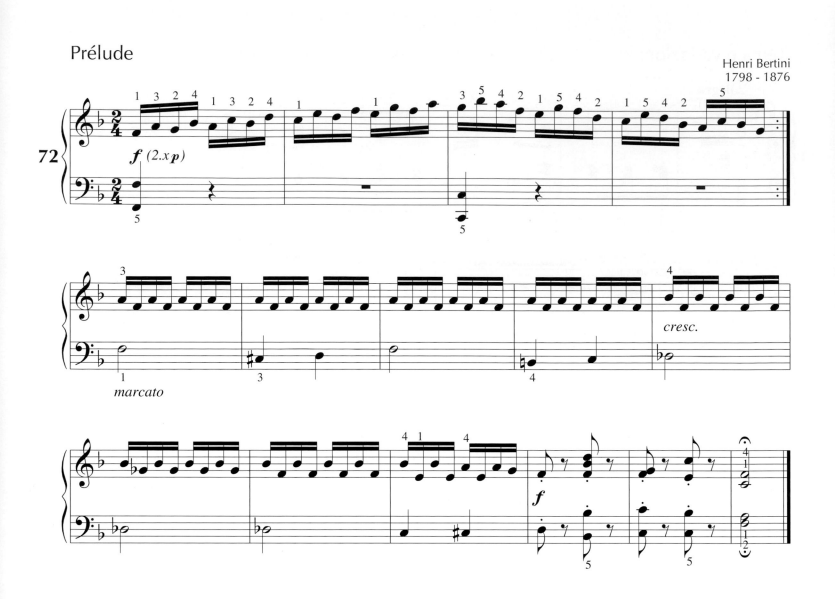

Musette

Johann Sebastian Bach
1685 – 1750

Da • de: Notebook for Anna Magdalena Bach, Schott ED 2698

Waterloo Hornpipe

Scozia / Escocia / Escócia
Arr.: Fritz Emonts

*) più facile / más fácil / facilitado: Repeat No. 29 (Menuet)

Il re delle capriole   El rey del salto mortal   O rei do salto mortal

Mike Schoenmehl
* 1957

Da • de: Mike Schoenmehl, Little Stories in Jazz, Schott ED 7186

Should Auld Acquaintance

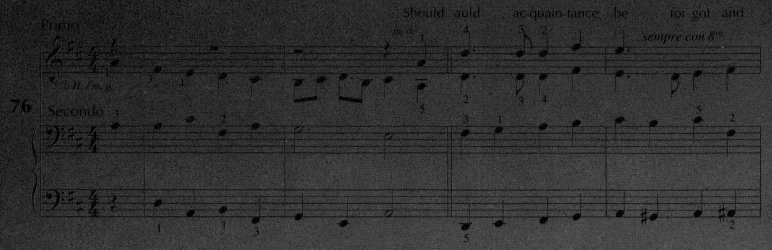

76

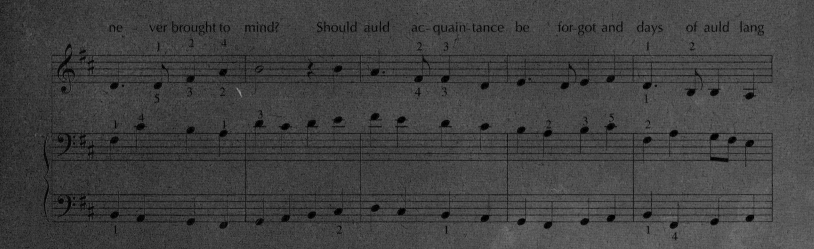

Accompagnamenti per canzoni e danze

Acompañamientos de canciones y bailes
Acompanhamento de cançãoes e danças

Il primo volume di questo metodo ha offerto vari suggerimente su come inventare semplici accompagnamenti alle canzoni. L'abilità di inventare accompagnamenti viene sviluppata anche nel secondo volume. La forma di accompagnamento più semplice, e anche più antica, è quella del "bordone". Il bordone è costituito dal suono fondamentale e dalla quinta. Questa forma di accompagnamento è sopravvisuta fino ad oggi attraverso la musica della zampogna.

En el volumen 1 del Método de Piano se hicieron una serie de sugerencias para poder hacer acompañamientos fáciles a las canciones. La posibilidad de mejorar los acompañamientos se desarolla, de forma regular, a lo largo del volumen 2. La forma más simple de acompañamiento y también la más antigua es el bordón, consistente en un sonido fundamental y quinto. El bordón se ha perpetuado en la música, hasta nuestros días, en la música de cornamusa.

No 1. volume das "Escola Europeia de Piano" foram dadas sugestões de como fazer um acompanhamento simples para canções. A capacidade de melhorar os acompanhamentos desen volve-se, de forma regular, no volume 2. A forma mais fácil de acompanhamento, e ao mesmo tempo mais antiga, é o "Bordão", formado pela nota fundamental e a quinta. O bordão é preservado até hoje na música para cornamusa (gaita de fole).

Cinque danze con il bordone

5 Bailes con acompañamiento de bordón
5 Danças com acompanhamento de bordão

1. A la claire fontaine / Junto à fonte cristalina

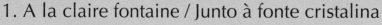

Suona questa canzone anche in minore.

Toca también esta canción en la clave menor.

Toque esta canção modo menor.

84

2. Danza popolare / Baile popular / Dança popular

Suona questa danza anche in maggiore.

Toca también esta canción en clave mayor.

Toque esta dança também no modo maior.

3. Chanson / Canzone / Canciòn / Canção

Belgio / Bélgica

4. The Gay Gordons / Os alegres Gordons

Scozia / Escocia / Escócia

Accompagnare una canzone con due accordi
Acompañamiento de canciones con dos acordes
Acompanhamento de canções com 2 acordes

Cerchiamo di inventare un accompagnamento per una canzone prima con due
accordi e poi con tre. All'inizio è meglio
suonare le note delle triadi contempora-
neamente; così è più facile sentire i
cambiamenti dell'armonia. Più tardi ci
occuperemo di adattare il tipo di accompagnamento al ritmo e al carattere della
canzone.

Intentemos hacer nuestros propios
acompañamientos a las canciones, primero
con dos acordes y después con tres.
Es preferible, para comenzar, hacer sonar
la totalidad de los acordes perfectos de
forma simultánea, siendo entonces más
fácil entender los cambios de la armonía.
Después, inventaremos diferentes figuras
de acompañamientos adaptadas al ritmo
y carácter de la canción.

Tentaremos tocer os possas próprios acompanhamento para as canções, primeiro com
dois e em seguida com três acordes.
Inicialmente é melhor tocar os acordes
perfeitos. Assim percebemos com
facilidade quando há um mudança de
harmonia. Depois procuramos diferentes
modelos de acompanhamento, adequados
ao ritmo e ao caráter da canção.

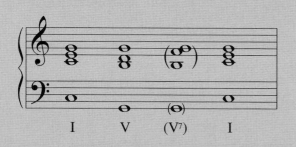

Canzone infantile
Canción infantil
Canção infantil

O, du lieber Augustin

Germania / Alemaña / Alemanha

a quattro mani / para cuatro manos / para 4 mãos:
Secondo (Primo = unisono)

Gronings liedje / Canção de Groningen

Paesi Bassi / Países Bajos / Países Baixos

Sur le pont d' Avignon / Sobra a ponte de Avignon

Francia / França

Limpiate con mi pañuelo / Use o meu lenço

España

Fine

Da capo

Accompagnare una canzone con tre accordi

Acompañamiento de canciones con 3 acordes
Acompanhamento de canções com 3 acordes

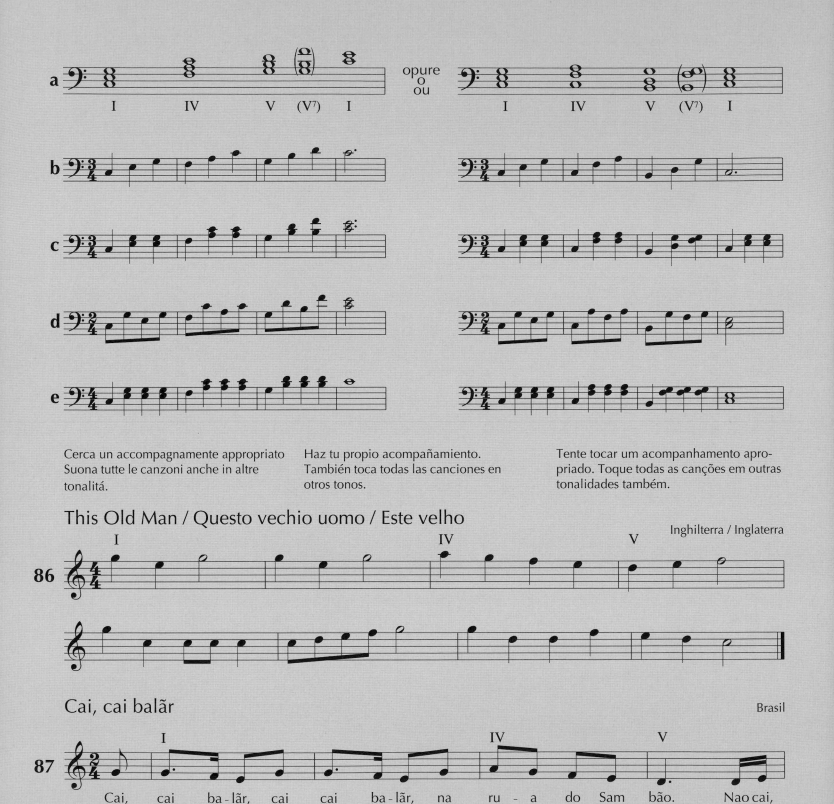

Cerca un accompagnamente appropriato
Suona tutte le canzoni anche in altre
tonalitá.

Haz tu propio acompañamiento.
También toca todas las canciones en
otros tonos.

Tente tocar um acompanhamento apropriado. Toque todas as canções em outras
tonalidades também.

This Old Man / Questo vechio uomo / Este velho

Inghilterra / Inglaterra

86

Cai, cai balãr

Brasil

87

Cai, cai ba - lãr, cai cai ba - lãr, na ru - a do Sam bão. Nao cai,

não não não Cai, a - qui na mi - nha não. Cai, mão.

J'ai du bon tabac / Eu tenho um bon tabaco

Fine

D. C. al Fine

Good Night, Ladies / Boa noite, senhoras

Fine

D. C. al Fine

Ländler / Danza rustica / Baile campesino / Dança campestre

Canzone popolare Canción popular Canção popular
(Drunten im Unterland)

Germania / Alemaña / Alemanha

Altre canzoni / Más canciones / Outras canções

Swanee river
Oh, when the Saints
Twinkle, twinkle, little star
For he's a jolly good fellow

Chevaliers de la table ronde
Ah! Vous dirai-je, Maman
Il était une bergère
Alleluia (Taizé)

Danze con armonie cadenzanti

Bailes con armonía cadencial
Danças com cadência harmônica

Le danze che seguono sono basate sugli accordi della cadenza. Servono a consolidare la comprensione armonica e a incoraggiare l'improvvisazione.

Los siguientes bailes están basados en los acordes perfectos de la cadencia, debiendo consolidar tu entendimiento armónico, e incitarte a la libre improvisación.

As danças seguintes se apóiam nos acordes perfeitos da cadência. Elas devem reforçar a compreensão harmônica e incentivar a improvisação.

Completa la melodia:

Completa la melodía:

Complete a melodia:

Valzer

Vals

Valsa   F. E. + _____

Fine

D. C. al Fine

Marcia

Marcha

Marcha   F. E. + _____

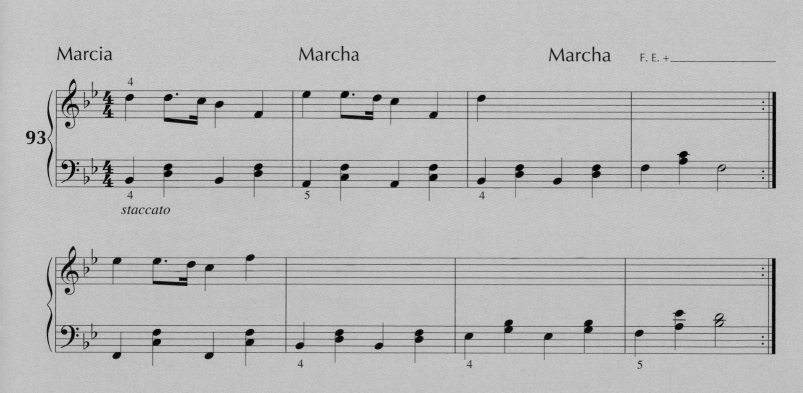

staccato

Completa l'accompagnamento: Completa el acompañamiento: Complete o acompanhamento:

Tango

F. E. + _____

Rém

Rùem

Solm

La⁷

Rém

Solm

Rém

La⁷

Rém

più facile / más fácil / facilitado:

94

Boogie - Woogie

Schema di base / Modelo básico / Seqüência básica

Improvvisa delle variazioni: Improvisa variaciones: Improvise variações:

Boogie Variation

F. E.

96

sempre stacc.

Final Blues

F. E.

97

Lento

sempre portato